AF398537

LORA
Livro de Oração do Rosário Anglicano

Bibliographische Information der Deutschen Nationalbibliothek: Die Deutsche Nationalbibliothek verzeichnet diese Publikation in der Deutschen Nationalbibliographie; detaillierte bibliographische Daten sind im Internet über http//dnb. dnb.de abrufbar.

Bibliographic information published by the Deutsche Nationalbibliothek: The Deutsche National-bibliothek lists this publication in the Deutsche Nationalbibliographie; detailed bibliographic data are available on the Internet at http://dnb. dnb.de.

Informaçóes bibliográficas publicadas pela Biblioteca Nacional Alemã. A Biblioteca Nacional Alemã lista esta publicação na Bibliografia Nacional Alemã; dados bibliográficos detalhados estão disponíveis na Internet em http://dnb.dnb.de.

Imprimatur:
The Rt. Revd. Mons. Dr. F. Haas
Anglican Catholic Diocese of Christ the Redeemer

Tradução do original (English) para o português: Moacir Gabriel de Almeida

Publishing House: St. Alcuin of York Anglican Publishers
Printing and production: BoD - Books on Demand, D-Norderstedt
ISBN: 978-3-945233-14-6 Printed in Germany

Conteúdo

NOTAS DA TRADUÇÃO[1]

Esta primeira edição em português (Brasil) é fruto do esforço conjunto da **Diocese Anglicana de Votorantim** e **Diocese Anglicana Cristo Redentor**, as quais fazem parte da **Província Anglicana de Cristo Salvador**. Bispo Theodoro e Bispo Frederick Haas estão de acordo quanto à importância do Livro de Oração do Rosário Anglicano para a Igreja Anglicana no Brasil.

Antes de ser publicada, esta tradução esteve – ao longo de cinco meses - à disposição da **Ordem de São Francisco – Frades Franciscanos Anglicanos**. Assim, o tradutor julga digno de nota um especial agradecimento a Frei James T. de Melo, OSF, por sua valiosa contribuição ao ofertar suas observações e primeiras impressões.

Nossa esperança é que a presente publicação seja útil a toda Igreja Anglicana que se encontra no Brasil. Acreditamos que o Livro de Oração do Rosário Anglicano pode servir a anglicanos de todas as correntes anglicanas, sejam elas quais forem.

---

[1] Toda a tradução foi feita diretamente a partir do original, a saber - The Anglican Rosary Prayer Book –, incluindo todos os textos bíblicos citados, com consultas pontuais às fontes em hebraico e grego. Assim optamos por duas razões: (1) não há, até o momento da publicação desta primeira edição, uma decisão canônica que declare a versão oficial em português dos textos bíblicos a serem utilizados nas comunidades e paróquias da Diocese Anglicana de Votorantim; (2) não houve interesse por parte de editoras brasileiras em conceder-nos a cortesia de utilizarmos parte de suas versões da Bíblia. Destarte, com o objetivo de não causarmos embaraços à vida diária de comunidades e paróquias - e no cumprimento de nosso dever de respeitar e cumprir as leis de direitos autorais - fizemos a opção supracitada. As referências bíblicas estão idênticas ao original em inglês.

Introdução

O uso do Rosário, ou colar das Contas, nos conduz à contemplação da oração meditativa, pelo uso da mente, corpo e espírito; o que de fato nos faz refletir e estar atentos à oração e à presença de Deus. O toque dos dedos em cada uma das sucessivas Contas é um auxílio para mantermos nossas mentes centradas, assim como o ritmo das orações nos conduz mais facilmente à serenidade.

Simbolismo das Contas

A configuração do Rosário Anglicano associa a oração contemplativa a muitos níveis do tradicional simbolismo cristão. A oração contemplativa é enriquecida por estes símbolos, cujo propósito é sempre o foco e a concentração, permitindo, a quem ora, adentrar prontamente a presença de Deus.

O Rosário Anglicano é composto por vinte e oito Contas, divididas em quatro grupos de sete, denominadas Semanas. Na tradição judaico-cristã o número sete representa perfeição espiritual e realização. Entre cada Semana há uma única Conta, denominada Conta Cruciforme, uma vez que as quatro Contas formam uma Cruz. A Conta Invitatória, entre a Cruz e o círculo das Contas, quando somada ao total, dá o número trinta e três, o número de anos da vida terrena de Jesus.

Orando com as Contas

Para começar, segure a Cruz e diga a prece a ela designada por você; e então vá para a Conta Invitatória. Depois entre no círculo de oração com a primeira Conta Cruciforme. Então, movendo para a direita, percorra o primeiro conjunto de sete Contas até a próxima Conta Cruciforme e continue ao longo do círculo, dizendo as preces para cada Conta.

Sugerimos a você orar o círculo de Contas três vezes (o que faz menção à Trindade) em um ritmo desacelerado, fazendo com que a repetição venha a ser uma cantiga de amor e graças que possibilite o descanso da mente e a quietude do coração.

Orar o círculo de Contas três vezes e adicionar a Cruz ao fim, ou ao início, perfaz um total de cem, que é o número total do Rosário Ortodoxo. Um período de silêncio deve ser observado após a oração, com vistas à reflexão e à escuta. A escuta é uma parte importante de toda oração.

Comece a orar o Rosário Anglicano pela escolha das preces que você deseja usar para a Cruz e para cada Conta. Pratiqu-as até que fiquem claras para você quais preces serão pronunciadas e quando serão pronunciadas. À medida do possível, memorize as preces.

Encontre um lugar sossegado e conceda a teu corpo e tua mente o descanso e a quietude. Depois de um tempo de silêncio, comece a orar em um ritmo desacelerado e intencional. Complete o círculo das Contas três vezes.

Quando completar o Rosário Anglicano, você deve termi-nar com um período de silêncio. Este período permite a você cetrar sua vida em um extenso período de serenidade; também convida à reflexão e escuta depois de ter invocado o Nome e a Presença de Deus.

Oração de Intercessão

Cruz
Pai Nosso que estais nos céus,
santificado seja o vosso Nome,
venha a nós o vosso Reino,
seja feita a vossa vontade assim na terra como no céu.
O pão nosso de cada dia nos dai hoje,
perdoai-nos as nossas ofensas
assim como nós perdoamos a quem nos tem ofendido,
e não nos deixeis cair em tentação,
mas livrai-nos do Mal.

Conta Invitatória
Glória ao Pai, ao Filho e ao Espírito Santo, como era no
princípio, agora e sempre. Amém.

Conta Cruciforme
Que se conheça o teu caminho sobre a terra,
e em todas as nações a tua salvação.
Que o indigente não seja esquecido para sempre,
nem a esperança dos pobres se frustre.

Semanas
Abençoai nossos amados, nossos inimigos e nós mesmos,
para que nossas necessidades possam ser supridas, nosso
sofrimento aliviado e nossos corações curados no perfeito
amor de vosso Filho Jesus Cristo. Amém.

Oração por Confiança em Deus

Cruz

Pai Nosso que estais nos céus,
santificado seja o vosso Nome,
venha a nós o vosso Reino,
seja feita a vossa vontade assim na terra como no céu.
O pão nosso de cada dia nos dai hoje,
perdoai-nos as nossas ofensas
assim como nós perdoamos a quem nos tem ofendido,
e não nos deixeis cair em tentação,
mas livrai-nos do Mal.

Conta Invitatória

Glória ao Pai, ao Filho e ao Espírito Santo, como era no princípio, agora e sempre. Amém.

Conta Cruciforme

Amanheceu outro dia, ó Senhor.
Não sabe meu coração o que virá,
mas prepara-me, Senhor,
para toda e qualquer situação que eu tenha que enfrentar.
Se é para ficar de pé, sustenta-me com bravura.
Se é para ficar sentado, sustenta-me com quietude.
Se é para ficar deitado, sustenta-me com paciência.
Se é para nada fazer, sustenta-me com coragem.
Faz destas palavras mais do que meras palavras,
e dá-me o Espírito de Jesus. Amém.

Semanas

Por que estás tão pesada, ó minha alma,
e tão inquieta dentro de mim?
Ponha tua confiança em Deus, pois eu ainda o louvarei,
aquele que é a salvação da minha face
e meu Deus. *(Salmos 42. 14-15)*

Oração Matutina (Forma 1)

Cruz

Que as palavras de minha boca e a mediação do meu coração
sejam aceitáveis na tua presença. Ó Senhor, minha força e meu
redentor. *(Salmos 19.14)*

Conta Invitatória

Senhor, abre os meus lábios,
e minha boca anunciará o teu louvor.

Conta Cruciforme

Vinde, cantemos ao Senhor,
aclamemos o Rochedo que nos salva;
entremos com louvor em sua presença,
vamos aclamá-lo com música.
Entrem, prostrem-se e dobrem os joelhos,
ajoelhem-se diante do nosso Criador!
Pois ele é nosso Deus,
e nós o povo do seu pasto,
o rebanho de sua mão.

Ó, que hoje vocês possam ouvir sua voz. *(Salmos 97: 1-2,6-7)*
Glorificam ao Senhor todas as suas obras,
louvam-no e exaltam-no para sempre!
No firmamento do seu poder, glorificam ao Senhor
cantam-no e exaltam-no para sempre! *(Cântico dos três jovens)*

Semanas

Bendiz ao Senhor, ó minha alma,
e tudo o que há em mim bendiga o teu santo Nome!
(Salmos 103.1)

Conclusiva

A hora vem – e é agora –
em que os verdadeiros adoradores
adorarão o Pai em espírito e verdade,
pois tais são os adoradores
que o Pai procura. *(João 4.23)*

Cruz

Pai Nosso que estais nos céus,
santificado seja o vosso Nome,
venha a nós o vosso Reino,
seja feita a vossa vontade assim na terra como no céu.
O pão nosso de cada dia nos dai hoje,
perdoai-nos as nossas ofensas
assim como nós perdoamos a quem nos tem ofendido,
e não nos deixeis cair em tentação, mas livrai-nos do Mal.

ORAÇÃO MATUTINA (FORMA 2)

Cruz

Assim diz aquele que está nas alturas, em lugar excelso,

que habita a eternidade e cujo nome é santo:

"Eu habito em lugar alto e santo,

mas estou junto com o humilhado e desamparado,

a fim de animar o espírito do desamparado,

e animar o coração do humilhado". *(Isaías 57.15)*

Conta Invitatória

Senhor, abre os meus lábios,

e minha boca anunciará o teu louvor.

Conta Cruciforme

Que as palavras de minha boca e a mediação do meu coração

sejam aceitáveis na tua presença. Ó Senhor, minha força e meu

redentor. *(Salmos 19.14)*

ou a seguinte

(Aleluia.)* Cristo, nossa Páscoa, foi sacrificado por nós.

Continuemos então a celebrar a festa,

não com velho fermento,

o fermento de malícia e perversidade,

mas com os pães ázimos da pureza e da verdade.

(Aleluia.)* *(1 Coríntios 5.7-8)*

omitir o Aleluia durante a Quaresma

Semanas

De manhã bem cedo, Senhor, tu ouves minha voz;
de manhã bem cedo eu faço meu apelo
e fico esperando. *(Salmos 5:3)*

ou a seguinte

Bendito seja o Senhor, dia a dia,
o Deus da nossa salvação, o qual carrega nossos fardos.
(Salmos 68.19)

Conclusiva

Envia tua luz e tua verdade, para que elas possam guiar-me
levando-me à tua montanha sagrada, à tua morada.
(Salmos 43:3)

Cruz

Pai Nosso que estais nos céus,
santificado seja o vosso Nome,
venha a nós o vosso Reino,
seja feita a vossa vontade assim na terra como no céu.
O pão nosso de cada dia nos dai hoje,
perdoai-nos as nossas ofensas
assim como nós perdoamos a quem nos tem ofendido,
e não nos deixeis cair em tentação,
mas livrai-nos do Mal.

Oração Matutina (Forma 3)

Cruz
A primeira palavra que digo ao amanhecer:
Que a Cruz de Cristo seja minha armadura!

Conta Invitatória
Senhor, abre os meus lábios,
e minha boca anunciará o teu louvor.

Conta Cruciforme
Socorre-me, eu suplico!
Porque sou como um náufrago que perece em mar aberto.
Que as tormentas e a vaidade não me puxem para o fundo
do mar.
Onde quer que eu esteja, Ó Deus,
cuida de mim, com teu insuperável poder!
Livra meu corpo mortal,
guarda-o com teu escudo protetor.
(Oração Celta, The Breastplate of Laidcenn d.661)

Semanas
Hoje colocarei minha vida sobre a proteção do Senhor,
e estarei esplendidamente seguro.
Aquele que me criou me dará forças.
(Oração Celta, The Breastplate of Laidcenn d.661)
ou a seguinte

Ajuda-me, Unidade na Trindade,
Trindade na Unidade, tende piedade!
(Oração Celta, The Breastplate of Laidcenn d.661)

Conclusiva
Deus, nosso Galardoador, enviai-nos.
Deus, nosso Galardão, vinde conosco.
Deus, a força daqueles que vão, dai-nos força para irmos convosco ao
encontro daqueles que vos chamarão Pai, Filho e Espírito Santo. Amém.

Cruz
Pai Nosso que estais nos céus,
santificado seja o vosso Nome,
venha a nós o vosso Reino,
seja feita a vossa vontade assim na terra como no céu.
O pão nosso de cada dia nos dai hoje,
perdoai-nos as nossas ofensas
assim como nós perdoamos a quem nos tem ofendido,
e não nos deixeis cair em tentação,
mas livrai-nos do Mal.

Oração Matutina (Forma 4)

Cruz
Ó Senhor, concede-me a arte de cantar tuas graças,
pois o barulho deste mundo é perigoso.

Conta Invitatória

Senhor, abre os meus lábios,
e minha boca anunciará o teu louvor.

Conta Cruciforme

Supremo Criador, tu criaste a terra e o mar...
O mundo não pode compreender, ainda que os prados e as
árvores cantem tuas maravilhas por meio dos mais altos e
belos cânticos, ó Senhor!
O Pai criou milagrosamente o mundo;
Impossível é expressar sua grandeza.
Límpida, Altiva e perfeitamente harmônica,
louvemos acima das nove ordens angelicais
a sublime e bendita Trindade. *(Early Welsh Prayer)*

Semanas

Adoremos ao Senhor, criador de obras maravilhosas;
Céu brilhante com seus anjos,
e na terra o onduloso oceano. *(Old Irish, 9th century)*

Ou a seguinte

Glória, honra e boa vontade,
louvores e sublime música de harpistas,
transbordando amor de cada coração
ao Rei do firmamento e da terra. *(Irish, ninth century)*

Conclusiva

Criador do universo, protege-nos e mantém-nos sob a luz
da tua presença. O nosso louvor misture-se com o louvor

de toda criação, até que estejamos unidos às eternas alegrias, as quais tu prometeste em amor, por meio de Jesus Cristo, nosso Senhor.

Cruz

Pai Nosso que estais nos céus,
santificado seja o vosso Nome,
venha a nós o vosso Reino,
seja feita a vossa vontade assim na terra como no céu.
O pão nosso de cada dia nos dai hoje,
perdoai-nos as nossas ofensas
assim como nós perdoamos a quem nos tem ofendido,
e não nos deixeis cair em tentação,
mas livrai-nos do Mal.

Oração ao Meio Dia (Forma 1)

Cruz

Se alguém está em Cristo, é nova criatura; as coisas velhas já passaram e as novas já chegaram. Tudo isso vem de Deus, que por meio de Cristo nos reconciliou consigo e nos deu o ministério da reconciliação. *(2 Coríntios 5.17-18)*

Conta Invitatória

Glória ao Pai, ao Filho e ao Espírito Santo, como era no princípio, agora e sempre. Amém.

Conta Cruciforme

Ergo os olhos para as montanhas;
de onde virá meu socorro?
Meu socorro vem do SENHOR,
o criador do céu e a terra. *(Salmos 121.1-2)*

ou a seguinte

Do levantar ao pôr-do-sol meu Nome será grande entre as
nações, e em todo lugar incenso será oferecido ao meu Nome,
e uma oferenda pura; pois o meu Nome será grande entre as
nações, diz O Senhor dos Exércitos. *(Malaquias 1.11)*

Semanas

Tua palavra é lâmpada para os meus pés,
e luz para o meu caminho.
Jurei, e sustento:
observar as tuas normas justas. *(Salmos 119.105-106)*

Conclusiva

Glória ao Pai, ao Filho e ao Espírito Santo,
como era no princípio, agora e sempre. Amém.

Cruz

Pai Nosso que estais nos céus,
santificado seja o vosso Nome,
venha a nós o vosso Reino,
seja feita a vossa vontade assim na terra como no céu.
O pão nosso de cada dia nos dai hoje,

perdoai-nos as nossas ofensas
assim como nós perdoamos a quem nos tem ofendido,
e não nos deixeis cair em tentação,
mas livrai-nos do Mal.

Oração ao Meio Dia (Forma 2)

Cruz

Concede-me, ó Senhor, a lâmpada do amor que nunca se apaga, a qual brilha em mim e aquece meu coração, e ilumina a outros por meio do meu amor por eles, e que por meio deste brilho possamos todos ter uma visão da Cidade Santa onde a verdade e a inextinguível luz brilha, Jesus Cristo nosso Senhor, Amém. *(Columbanus, d.615)*

Conta Invitatória

Glória ao Pai, ao Filho e ao Espírito Santo, como era no princípio, agora e sempre. Amém.

Conta Cruciforme

Senhor, sê a chama flamejante diante de mim,
sê a estrela guia sobre mim,
sê o caminho suave sob mim,
sê o pastor gentil atrás de mim,
hoje e para sempre. Amém. *(Columba, d.597)*

Semanas

Ó Senhor, age favoravelmente em nós, e provê o que sabes precisarmos. Amém. *(Columbanus)*

ou a se seguinte

Dá-nos memória, dá-nos amor,
dá-nos castidade, dá-nos fé,
dá-nos tudo o que sabes
ser proveitoso às nossas almas. Amém. *(Columbanus)*

Conclusiva

Ó Senhor Deus, semeia entendimento e boas obras em nossos lábios e corações; de tal modo que em ato e em verdade possamos servir apenas a ti e compreender como cumprir os mandamentos de Cristo e buscar-te. Amém. *(Columbanus)*

Cruz

Pai Nosso que estais nos céus,
santificado seja o vosso Nome,
venha a nós o vosso Reino,
seja feita a vossa vontade assim na terra como no céu.
O pão nosso de cada dia nos dai hoje,
perdoai-nos as nossas ofensas
assim como nós perdoamos a quem nos tem ofendido,
e não nos deixeis cair em tentação,
mas livrai-nos do Mal.

Oração Vespertina (Forma 1)

Cruz
O dia te pertence, Ó Deus, e também a noite,
tu firmaste a lua e o sol,
tu firmaste todos os limites da terra,
tu formaste o verão e o inverno. *(Salmos 74.15-16)*

Conta Invitatória
Ó Deus, vem rápido nos salvar!
Ó Senhor, vem socorrer-nos depressa.

Conta Cruciforme
Ó graciosa luz,
perfeito brilho do sempiterno Pai no firmamento,
Ó Jesus Cristo, santo e bendito!
Agora que chegamos ao crepúsculo,
e nossos olhos contemplam a estrela vespertina,
nós cantamos tuas graças, Ó Deus: Pai, Filho, e Espírito Santo.
Tu és digno a todo tempo de ser louvado por felizes vozes,
Ó Filho de Deus, Ó doador da vida,
e de ser glorificado em todas as palavras. *(Phos Hilaron)*
ou a seguinte
Anjos do Senhor e vós, todas as águas acima dos céus,
bendizei o Senhor.
Sól e lua, bendizei o Senhor:
cantai-o e exaltai-o para sempre. *(Cântico dos três jovens)*

Semanas

Suba minha prece à tua presença como incenso,
minhas mãos erguidas como oferta vespertina! *(Salmos 141.2)*

Conclusiva

Bendigo ao Senhor que me aconselha,
meu coração me instrui, noite após noite.
Tenho o Senhor sempre à frente,
porque Ele está à minha direita eu não vacilarei.
(Salmos 16. 7-8)

Cruz

Pai Nosso que estais nos céus,
santificado seja o vosso Nome,
venha a nós o vosso Reino,
seja feita a vossa vontade assim na terra como no céu.
O pão nosso de cada dia nos dai hoje,
perdoai-nos as nossas ofensas
assim como nós perdoamos a quem nos tem ofendido,
e não nos deixeis cair em tentação,
mas livrai-nos do Mal.

ORAÇÃO VESPERTINA (FORMA 2)

Cruz

Busca aquele que fez as Plêiades e o Órion, que transforma as trevas em manhã, que escurece o dia em noite, que convoca as águas do mar e as despeja sobre a face da terra: O Senhor é o seu nome. *(Amós 5. 8)*

Conta Invitatória

Ó Deus, vem rápido nos salvar!
Ó Senhor, vem socorrer-nos depressa.

Conta Cruciforme

Santo Deus,
Santo e forte,
Santo e imortal,
tende piedade de nós. *(Trisagion)*

ou a seguinte

Ó Deus, tu manterás em perfeita paz aqueles cujos pensamentos estão em ti; pois seremos salvos ao descansar confiantemente; quietude e confiança são nossa força.

(Isaías 26. 3; 30. 15)

Semanas

Senhor, tu estás em nosso meio, e somos chamados pelo teu Nome:
Não nos abandones, Ó Senhor nosso Deus. Amém.

(Jeremias 14.9b)

ou a seguinte

Guarda nosso levantar, Ó Senhor, e guarda nosso dormir;
para que de pé possamos caminhar com Cristo, e dormindo
possamos descansar em paz. Amém.

Conclusiva

Se eu disser: "Certamente a treva a mim cobrirá, e o dia
torna-se noite" - mesmo a treva não é treva para ti, Ó
Senhor; a noite é brilhante como o dia; trevas e luz são o
mesmo para ti. *(Salmos 139.10-11)*

Cruz

Pai Nosso que estais nos céus,
santificado seja o vosso Nome,
venha a nós o vosso Reino,
seja feita a vossa vontade assim na terra como no céu.
O pão nosso de cada dia nos dai hoje,
perdoai-nos as nossas ofensas
assim como nós perdoamos a quem nos tem ofendido,
e não nos deixeis cair em tentação,
mas livrai-nos do Mal.

Oração Vespertina (Forma 3)

Cruz

Ó Deus, vem rápido nos salvar!
Ó Senhor, vem socorrer-nos depressa.

Conta Invitatória

Nossa oração vespertina ergue-se na tua presença, Ó Deus,
na esperança de que tua misericórdia desça sobre nós, limpa
nossos corações e nos faz livres para cantar tuas graças, agora
e sempre. Amém.

Conta Cruciforme

Suba minha prece à tua presença como incenso,
minhas mãos erguidas como oferta vespertina!

Semanas

Senhor, tende piedade;
Cristo, tende piedade;
Senhor, tende piedade.

Conclusiva

A graça o Senhor Jesus Cristo, o amor de Deus e a
comunhão do Espírito Santo estejam convosco, agora e
sempre. Amém.

Cruz

Bendigamos ao Senhor, dêmos graças a Deus.

Oração Vespertina (Forma 4)

Cruz
Glória ao Pai, ao Filho e ao Espírito Santo, como era no princípio, agora e sempre. Amém.

Conta Invitatória
Abre os meus lábios, Ó Senhor,
e minha boca anunciará o teu louvor.

Conta Cruciforme
Guarda nosso levantar, Ó Senhor, e guarda nosso dormir; para que de pé possamos caminhar com Cristo, e dormindo possamos descansar em paz. Amém.

Semanas
Jesus, Cordeiro de Deus, tende piedade de nós.
Jesus, que tomou nossos pecados sobre si, tende piedade de nós.
Jesus, redentor do mundo, dá-nos tua paz.

Oração Vespertina (Forma 5)

Cruz
O dia te pertence, Ó Deus, e também a noite,
tu firmaste a lua e o sol,
tu firmaste todos os limites da terra,
tu formaste o verão e o inverno. *(Salmos 74.15-16)*

Conta Invitatória

Ó Deus, vem rápido nos salvar!
Ó Senhor, vem socorrer-nos depressa.

Conta Cruciforme

Teus santos anjos, Ó Cristo, filho do Deus vivo, cuidem do nosso sono, nosso repouso, nossos aposentos. Que eles revelem verdadeiras visões enquanto dormimos, Ó Majestoso Príncipe do universo, Ó grande e misterioso Rei. Nenhum demônio, nenhum mal, nenhum pesadelo prejudique nosso descanso, nosso breve repouso. Nosso levantar, nosso trabalho e nossas vidas sejam santas; nosso sono, nosso repouso, sem contratempo. (*São Patrício*)

Semanas

Anjos do Senhor e vós, todas as águas acima dos céus, bendizei o Senhor.
Sól e lua, bendizei o Senhor:
cantai-o e exaltai-o para sempre. (*Cântico dos três jovens*)
ou a seguinte
Criador do universo, guarda-nos e mantenha-nos na luz da tua presença.

Conclusiva

Tu és minha força, Senhor, eu te amarei.
Sob a sombra de tuas asas protege-me. (*Oracões de Moucan*)

Cruz
Pai Nosso que estais nos céus,
santificado seja o vosso Nome,
venha a nós o vosso Reino,
seja feita a vossa vontade assim na terra como no céu.
O pão nosso de cada dia nos dai hoje,
perdoai-nos as nossas ofensas
assim como nós perdoamos a quem nos tem ofendido,
e não nos deixeis cair em tentação,
mas livrai-nos do Mal.

COMPLETAS (ORAÇÃO NOTURNA – FORMA 1)

Cruz
Sede sóbrios e vigilantes! Vosso adversário, o diabo, vos
rodeia como leão a rugir, procurando a quem devorar.
Resisti-lhe, firmes na fé. *(1 Pedro 5.8-9a)*

Conta Invitatória
Meu socorro está no Nome do Senhor;
o criador do céu e da terra. Amém.

Conta Cruciforme
Senhor, podes agora despedir em paz o teu servo, segundo a
tua palavra; porque os meus olhos viram a tua salvação, que
preparaste para todos os povos, luz para iluminar as nações, e
glória de teu povo, Israel. *(Lucas 2.29-32)*
ou a seguinte

Ó Deus, tu manterás em perfeita paz aqueles cujos
pensamentos estão em ti; pois seremos salvos ao descansar
confiantemente; quietude e confiança são nossa força.
(Isaías 26.3 & 30.15)

Semanas

Sê nossa luz na escuridão, Ó Senhor, e na tua grande misericórdia
defende-nos de todos os riscos e perigos da noite; pelo amor
de teu Filho unigênito, nosso Salvador Jesus Cristo. Amém.

ou a seguinte

Guarda nosso levantar, Ó Senhor, e guarda nosso dormir;para
que de pé possamos caminhar com Cristo, e dormindo
possamos descansar em paz. Amém.

Conclusiva

Vinde a mim todos os que estais cansados sob o peso de vosso
fardo e vos darei descanso. Tomai sobre vós o meu jugo e
aprendei de mim, porque sou manso e humilde de coração,
e encontrareis descanso para vossas almas, pois meu jugo é
suave e meu fardo é leve. *(Mateus 11. 28-30)*

Cruz

Pai Nosso que estais nos céus,
santificado seja o vosso Nome,
venha a nós o vosso Reino,
seja feita a vossa vontade assim na terra como no céu.
O pão nosso de cada dia nos dai hoje,
perdoai-nos as nossas ofensas
assim como nós perdoamos a quem nos tem ofendido,

e não nos deixeis cair em tentação,
mas livrai-nos do Mal.

COMPLETAS (ORAÇÃO NOTURNA – FORMA 2)

Cruz
Teus santos anjos, Ó Cristo, filho do Deus vivo, cuidem do
nosso sono, nosso repouso, nossos aposentos. *(St. Patrick)*

Conta Invitatória
Meu socorro está no Nome do Senhor;
o criador do céu e da terra. Amém.

Conta Cruciforme
Esteja comigo a paz do Espírito esta noite,
Esteja comigo a paz do Filho esta noite,
Esteja comigo a paz do Pai esta noite,
Esteja comigo a paz de toda paz esta noite,
cada manhã e tarde de minha vida. Amém. *(Carmina Gadelica)*

Semanas
Nosso levantar, nosso trabalho e nossas vidas sejam santos;
nosso sono, nosso repouso, sem contratempo. *(St. Patrick)*

Conclusiva
Ó Deus, tu manterás em perfeita paz aqueles cujos pensamentos estão em ti; pois seremos salvos ao descansar confiantemente; quietude e confiança são nossa força. *(Isaías 26. 3; 30. 15)*

Cruz

Pai Nosso que estais nos céus,
santificado seja o vosso Nome,
venha a nós o vosso Reino,
seja feita a vossa vontade assim na terra como no céu.
O pão nosso de cada dia nos dai hoje,
perdoai-nos as nossas ofensas
assim como nós perdoamos a quem nos tem ofendido,
e não nos deixeis cair em tentação,
mas livrai-nos do Mal.

SEMANA SANTA

Cruz

Todos nós, como ovelhas, temos andando errantes; cada um
de nós tem seguido seu próprio caminho; e o Senhor fez cair
sobre seu Servo toda nossa iniquidade. *(Isaías 53.6)*

Conta Invitatória

Glória ao Pai, ao Filho e ao Espírito Santo, como era no
princípio, agora e sempre. Amém.

Conta Cruciforme

Salva-me, Ó Deus,
pois as águas estão à altura do meu pescoço.
Afundei em pântano profundo, e não há solo firme para os
meus pés.
Estou exausto, e de tanto clamar minha garganta está rouca;

meus olhos falham na busca por Deus. *(Salmos 69. 1-2,4)*
ou a seguinte
Dei as minhas costas aos que golpeavam e as minhas faces
aos que arrancavam minha barba; não escondi a minha face
de coisas humilhantes e do escarro.
O Senhor Deus me ajuda; por isso não tenho de sentir-me
humilhado. Por isso fiz a minha face como pederneira e sei
que não serei envergonhado. *(Isaías 50.6-7)*

Semanas

Não fiques longe, Ó Senhor; tu és minha força; apressa-te em
me ajudar. *(Salmos 22.18)*

Conclusiva

Não é isso nada para todos vós que estais passando pelo
caminho? Olhai e vede se existe alguma dor igual à minha
dor, a qual foi lançada sobre mim, com a qual o Senhor me
afligiu. *(Lamentações 1.12)*

Cruz

Pai Nosso que estais nos céus,
santificado seja o vosso Nome,
venha a nós o vosso Reino,
seja feita a vossa vontade assim na terra como no céu.
O pão nosso de cada dia nos dai hoje,
perdoai-nos as nossas ofensas
assim como nós perdoamos a quem nos tem ofendido,
e não nos deixeis cair em tentação,
mas livrai-nos do Mal.

Quaresma

Cruz

Levantar-me-ei e irei até meu Pai, e direi a ele: "Pai, pequei contra os céus e contra ti, não sou mais digno de ser chamado teu filho". *(Lucas 15.18-19)*

Conta Invitatória

Glória ao Pai, ao Filho e ao Espírito Santo, como era no princípio, agora e sempre. Amém.

Conta Cruciforme

Agora eu dobro os joelhos de meu coração e imploro pela tua graça.
Eu pequei, ó Senhor, eu pequei, e eu reconheço minhas iniquidades;
Por isso eu humildemente imploro, perdoa-me, ó Senhor, perdoa-me e não me destrua com as minhas iniquidades.
(Oração de Manassés)

ou a seguinte

Abre os meus lábios, Ó Senhor, e minha boca anunciará o teu louvor. Tivesses tu desejado eu ofereceria sacrifícios, mas tu não tens prazer algum em ofertas queimadas. O sacrifício que agrada ao Senhor é um espírito quebrantado; um coração despedaçado e contrito, Ó Senhor, não desprezarás.
(Salmos 51.15-17)

Semanas

Cria em mim um coração limpo, Ó Deus, e renova em mim
um espírito verdadeiro.
(Salmos 50.11)

Conclusiva

Rasgai os vossos corações e não as vossas vestes, e retornai
ao Senhor, vosso Deus, pois ele é gracioso e misericordioso,
tardio para a ira e abundante no amor, se compadece e não
envia a desgraça. *(Joel 2.13)*

Cruz

Pai Nosso que estais nos céus,
santificado seja o vosso Nome,
venha a nós o vosso Reino,
seja feita a vossa vontade assim na terra como no céu.
O pão nosso de cada dia nos dai hoje,
perdoai-nos as nossas ofensas
assim como nós perdoamos a quem nos tem ofendido,
e não nos deixeis cair em tentação, mas livrai-nos do Mal.

ADVENTO

Cruz

Na estepe prepara o caminho do Senhor, abre um reto caminho no deserto para nosso Deus. *(Isaías 40.3)*

Conta Invitatória

Glória ao Pai, ao Filho e ao Espírito Santo, como era no princípio, agora e sempre. Amém.

Conta Cruciforme

Enquanto o Senhor reconduzia os cativos de Sião, estávamos como sonhando. Em nossa boca só havia expressões de alegria, e em nossos lábios canto de triunfo. Entre os pagãos se dizia: O Senhor fez por eles grandes coisas. Sim, o Senhor fez por nós grandes coisas; ficamos exultantes de alegria! *(Salmos 126.1-4)*

ou a seguinte

Minha alma glorifica ao Senhor, meu espírito exulta de alegria em Deus, meu Salvador, porque Ele olhou para sua pobre serva. De agora em diante, me proclamarão bem-aventurada todas as gerações, porque realizou em mim maravilhas aquele que é poderoso e cujo nome é Santo. *(Lucas 1. 46-49)*

Semanas

Mostrai-nos vossa misericórdia, Ó Senhor, e dai-nos a vossa salvação. *(Salmos 85.7)*

Conclusiva

A glória do Senhor será revelada,
e todos a verão juntamente. *(Isaías 40.5)*

Cruz

Pai Nosso que estais nos céus,
santificado seja o vosso Nome,
venha a nós o vosso Reino,
seja feita a vossa vontade assim na terra como no céu.
O pão nosso de cada dia nos dai hoje,
perdoai-nos as nossas ofensas
assim como nós perdoamos a quem nos tem ofendido,
e não nos deixeis cair em tentação,
mas livrai-nos do Mal.

NATAL

Cruz

Contemplem, aqui está o tabernáculo de Deus com os homens. Habitará com eles e serão o seu povo, e Deus mesmo estará com eles e será seu Deus. *(Apocalipse 21.3)*

Conta Invitatória

Glória ao Pai, ao Filho e ao Espírito Santo, como era no princípio, agora e sempre. Amém.

Conta Cruciforme

Contemplem, eis que vos anuncio uma boa nova que será alegria para todo o povo: hoje vos nasceu na Cidade de Davi um Salvador, que é o Cristo Senhor. *(Lucas 2.10-11)*

ou a seguinte

O Verbo se fez carne e habitou entre nós, e nós vimos sua glória: A glória de ser o unigênito, cheio de graça e de verdade.
Ninguém jamais viu Deus. Apenas o unigênito, que está no seio do Pai, foi quem o revelou. *(João 1.14;18)*

Semanas

Glória a Deus nas alturas, e paz para seu povo na terra. Amém. *(Lucas 2.14)*

Conclusiva

A luz resplandece para o justo, e a alegria é concedida ao homem de coração reto. Dai graças ao Senhor, aclamai o seu nome, e dizei a toda gente o que ele tem feito. *(Salmos 97.11 & 105.1)*

Cruz

Pai Nosso que estais nos céus,
santificado seja o vosso Nome,
venha a nós o vosso Reino,
seja feita a vossa vontade assim na terra como no céu.
O pão nosso de cada dia nos dai hoje,
perdoai-nos as nossas ofensas
assim como nós perdoamos a quem nos tem ofendido,
e não nos deixeis cair em tentação, mas livrai-nos do Mal.

Epifania

Cruz

Nações virão ao encontro da tua luz,
e reis ao encontro do brilho da tua aurora. *(Isaías 60.3)*

Conta Invitatória

Glória ao Pai, ao Filho e ao Espírito Santo, como era no
princípio, agora e sempre. Amém.

Conta Cruciforme

Senhor, podes agora despedir em paz o teu servo, segundo a
tua palavra; porque os meus olhos viram a tua salvação, que
preparaste para todos os povos, luz para iluminar as nações, e
glória de teu povo, Israel. *(Lucas 2.29-32)*

ou a seguinte

Quem não temerá, Senhor, e não glorificará o teu nome? Só tu
és santo e todas as nações virão prostrar-se diante de ti, porque
se tornou manifesta a retidão das tuas obras e dos teus juízos.

(Apocalipse 15.4)

Semanas

Bendito seja o Senhor Deus, o Deus de Israel, que sozinho
realizou maravilhosos feitos! E bendito seja seu glorioso Nome
para sempre! E que toda a terra seja preenchida com sua glória.

(Salmos 72.18-19)

Conclusiva

Farei de ti a luz das nações, para propagar minha salvação até os confins do mundo. *(Isaías 49.6b)*

Cruz

Pai Nosso que estais nos céus,
santificado seja o vosso Nome,
venha a nós o vosso Reino,
seja feita a vossa vontade assim na terra como no céu.
O pão nosso de cada dia nos dai hoje,
perdoai-nos as nossas ofensas
assim como nós perdoamos a quem nos tem ofendido,
e não nos deixeis cair em tentação,
mas livrai-nos do Mal.

ORAÇÃO DE AÇÕES DE GRAÇAS

Cruz

Pai Nosso que estais nos céus,
santificado seja o vosso Nome,
venha a nós o vosso Reino,
seja feita a vossa vontade assim na terra como no céu.
O pão nosso de cada dia nos dai hoje,
perdoai-nos as nossas ofensas
assim como nós perdoamos a quem nos tem ofendido,
e não nos deixeis cair em tentação,
mas livrai-nos do Mal.

Conta Invitatória
Glória ao Pai, ao Filho e ao Espírito Santo, como era no
princípio, agora e sempre. Amém.

Conta Cruciforme
Louvai, servos do Senhor;
louvai o Nome do Senhor.
Bendizei o nome do Senhor,
agora e sempre. *(Salmos 113.1-2)*

Semanas
Glória a ti, Senhor Deus dos nossos pais;
Tu és digno de louvor, glória ti.
Glória a ti por teu santo e radiante Nome;
adoraremos e exaltaremos a ti para sempre.
(O cântico dos três jovens)

Oração por Alívio

Cruz
Pai Nosso que estais nos céus,
santificado seja o vosso Nome,
venha a nós o vosso Reino,
seja feita a vossa vontade assim na terra como no céu.
O pão nosso de cada dia nos dai hoje,
perdoai-nos as nossas ofensas
assim como nós perdoamos a quem nos tem ofendido,
e não nos deixeis cair em tentação, mas livrai-nos do Mal.

Conta Invitatória

Glória ao Pai, ao Filho e ao Espírito Santo, como era no princípio, agora e sempre. Amém.

Conta Cruciforme

Por que estás tão pesada, ó minha alma,
e tão inquieta dentro de mim?
Ponha tua confiança em Deus, pois eu ainda o louvarei,
aquele que é a salvação da minha face
e meu Deus. *(Salmos 42. 14-15)*

Semanas

Tem misericórdia de mim, Ó Senhor, pois estou em dificuldades; meus olhos são consumidos pela tristeza, e também minha garganta e entranhas. *(Salmos 31.9)*

Oração de Auto-Dedicação

Cruz

Pai Nosso que estais nos céus,
santificado seja o vosso Nome,
venha a nós o vosso Reino,
seja feita a vossa vontade assim na terra como no céu.
O pão nosso de cada dia nos dai hoje,
perdoai-nos as nossas ofensas
assim como nós perdoamos a quem nos tem ofendido,
e não nos deixeis cair em tentação,
mas livrai-nos do Mal.

Conta Invitatória

Glória ao Pai, ao Filho e ao Espírito Santo, como era no princípio, agora e sempre. Amém.

Conta Cruciforme

Senhor, fazei-me instrumento de vossa paz.
Onde houver ódio, que eu leve o amor;
Onde houver ofensa, que eu leve o perdão;
Onde houver discórdia, que eu leve a união;
Onde houver dúvida, que eu leve a fé;
Onde houver erro, que eu leve a verdade;
Onde houver desespero, que eu leve a esperança;
Onde houver tristeza, que eu leve a alegria;
Onde houver trevas, que eu leve a luz. *(São Francisco de Assis)*

ou a seguinte

Ó Mestre, fazei que eu procure mais
consolar, que ser consolado;
compreender, que ser compreendido;
amar, que ser amado.
Pois é dando que se recebe,
é perdoando que se é perdoado,
e é morrendo que se vive para a vida eterna. *(São Francisco de Assis)*

Semanas

Ó Deus, sê todo meu amor, toda minha esperança, todo meu desejo;
meus pensamentos e palavras fluem de ti,
minha vida diária repousa em ti,
cada respirar meu é teu. Amém. *(São João Cassiano)*

ORAÇÃO POR MISERICÓRDIA

Cruz
Pai Nosso que estais nos céus,
santificado seja o vosso Nome,
venha a nós o vosso Reino,
seja feita a vossa vontade assim na terra como no céu.
O pão nosso de cada dia nos dai hoje,
perdoai-nos as nossas ofensas
assim como nós perdoamos a quem nos tem ofendido,
e não nos deixeis cair em tentação, mas livrai-nos do Mal.

Conta Invitatória
Glória ao Pai, ao Filho e ao Espírito Santo, como era no
princípio, agora e sempre. Amém.

Conta Cruciforme
"Santo Deus,
Santo e forte,
Santo e imortal,
tende piedade de nós. *(Trisagion)*
Semanas
Jesus Cristo, filho do Deus Vivo;
tem misericórdia de mim, pecador. Amém.

Oração por Santidade

Cruz
Pai Nosso que estais nos céus,
santificado seja o vosso Nome,
venha a nós o vosso Reino,
seja feita a vossa vontade assim na terra como no céu.
O pão nosso de cada dia nos dai hoje,
perdoai-nos as nossas ofensas
assim como nós perdoamos a quem nos tem ofendido,
e não nos deixeis cair em tentação,
mas livrai-nos do Mal.

Conta Invitatória
Glória ao Pai, ao Filho e ao Espírito Santo, como era no
princípio, agora e sempre. Amém.

Conta Cruciforme
Concede a teus servos um coração
que queima por nosso Deus;
que ama nosso próximo;
um coração firme. *(Santo Agostinho de Hipona)*

Semanas
Que as palavras de minha boca e a mediação do meu coração
sejam aceitáveis na tua presença. Ó Senhor, minha força e
meu redentor. *(Salmos 19.14)*

PÁSCOA

Cruz
Se verdadeiramente ressuscitastes com o Cristo, procurai as coisas do alto, onde Cristo está; sentado à direita de Deus.
(Colossenses 3.1)

Conta Invitatória
Glória ao Pai, ao Filho e ao Espírito Santo, como era no princípio, agora e sempre. Amém.

Conta Cruciforme
Tua direita, Ó Senhor, mostra-se poderosa em capacidade,
tua direita, Ó Senhor, despedaçou o inimigo.
Quem pode ser comparado a ti, Ó Senhor, entre os deuses?
Quem é como tu, poderoso em santidade, de incrível renome e realizador de maravilhas?
Tu estendeste a tua mão direita, e a terra passou a engoli-los.
Com teu constante amor guiaste o povo que redimiste; tu, com tua força, os conduziu em segurança ao teu santo lugar de permanência. *(Êxodo 15.6,11-13)*

ou a seguinte
Há voz de júbilo e de salvação nas tendas dos justos;
a destra do Senhor triunfou!
A destra do Senhor é exaltada!
A destra do Senhor triunfou! *(Salmos 118.16)*

Semanas

Graças a Deus que nos dá a vitória
por meio de nosso Senhor Jesus Cristo. Amém. *(1 Coríntios 15.57)*

Conclusiva

Cristo não entrou em um santo lugar feito por mãos de homens, cópia do verdadeiro, mas no próprio céu, desta vez a
fim de aparecer diante de Deus por nós. *(Hebreus 9. 24)*

Cruz

Pai Nosso que estais nos céus,
santificado seja o vosso Nome,
venha a nós o vosso Reino,
seja feita a vossa vontade assim na terra como no céu.
O pão nosso de cada dia nos dai hoje,
perdoai-nos as nossas ofensas
assim como nós perdoamos a quem nos tem ofendido,
e não nos deixeis cair em tentação,
mas livrai-nos do Mal.

O Angelus

Cruz
Glória ao Pai, ao Filho e ao Espírito Santo, como era no princípio, agora e sempre. Amém.

Conta Invitatória
Nós te bendizemos, Ó Senhor, por colocar tua graça em nossos corações;
por fazer-nos saber da encarnação do teu Filho Jesus Cristo através da mensagem de um anjo.
Nós te bendizemos, pois pela paixão e Cruz de Cristo fomos entregues à glória de sua ressurreição.
Por Jesus Cristo, nosso Senhor. Amém.

Conta Cruciforme
O anjo do Senhor anunciou a Maria; e ela concebeu do
Espírito Santo.
Ave, Maria!
Eis aqui a serva do Senhor; faça-se em mim segundo a vossa palavra.
Ave, Maria!
E o Verbo se fez carne.
E habitou entre nós.
Ave, Maria!
Rogai por nós, Santa mãe de Deus.
Para que sejamos dignos das promessas de Cristo.

Semanas
Ave, Maria, cheia de graça, o Senhor é convosco, bendita sois vós entre as mulheres e bendito é o fruto do vosso ventre, Jesus. Santa Maria, Mãe de Deus, rogai por nós, pecadores, agora e na hora de nossa morte. Amém.

VEM SENHOR JESUS

Cruz
Bênção, glória, sabedoria, ações de graças, honra, poder e força sejam a nosso Deus pelos séculos dos séculos. Amém.
(Apocalipse 7.12)

Conta Invitatória
Deus é nosso refugio e força,
auxílio garantido em tempos de tribulação. *(Salmos 46.1)*

Conta Cruciforme
Bendize ao Senhor, ó minha alma,
e tudo o que há em mim ao seu nome santo! *(Salmos 103.1)*

Semanas
Vem, Senhor Jesus. Ajunta-nos a ti. *(João 12. 32)*

Oração Franciscana

Cruz
Em nome do criador, redentor e santificador da vida. Amém.

Conta Invitatória
Nós vos adoramos, Santíssimo Senhor Jesus Cristo, aqui e em todas as vossas igrejas que estão pelo mundo inteiro, e vos bendizemos, porque pela vossa santa Cruz remistes o mundo.

Conta Cruciforme
Altíssimo, glorioso Deus, iluminai as trevas dos nossos corações, dai-nos uma fé reta, uma esperança certa e amor perfeito. Dai-nos sensibilidade ao divino e conhecimento de vós, Senhor, a fim de que cumpramos a vossa vontade.

Semanas
Meu Deus, meu tudo.

Conclusivas
Santa Maria, rogai por nós. São Francisco, Santa Clara e Santa Elizabeth, rogai por nós. Todos os santos de Deus, rogai por nós. Anjos de Deus, aproximem-se, cuidem e nos protejam. Senhor Jesus, dai-nos sua benção e paz. Amém.

Cruz
Em nome do criador, redentor e santificador da vida. Amém.

Trisagion e a Oração de Jesus

Trisagion significa "três vezes santo".

Cruz
Em Nome de Deus Pai, Filho e Espírito Santo. Amém.

Conta Invitatória
Ó Deus, vem rápido nos salvar!
Ó Senhor, vem socorrer-nos depressa.
Glória ao Pai, ao Filho e ao Espírito Santo, como era no princípio, agora e sempre. Amém.

Conta Cruciforme
Santo Deus,
Santo e forte,
Santo e imortal,
tende piedade de nós.

Semanas
Senhor Jesus Cristo, Filho de Deus,
tende piedade de mim, pecador.

AGNUS DEI
Agnus Dei significa "Cordeiro de Deus".

Cruz
Pai Nosso que estais nos céus,
santificado seja o vosso Nome,
venha a nós o vosso Reino,
seja feita a vossa vontade assim na terra como no céu.
O pão nosso de cada dia nos dai hoje,
perdoai-nos as nossas ofensas
assim como nós perdoamos a quem nos tem ofendido,
e não nos deixeis cair em tentação,
mas livrai-nos do Mal.

Conta Invitatória
Que as palavras de minha boca e a mediação do meu coração
sejam aceitáveis na tua presença. Ó Senhor, minha força e
meu redentor. *(Salmos 19.14)*

Conta Cruciforme
Ó Cordeiro de Deus, que tirais os pecados do mundo,
tende piedade de nós,
Ó Cordeiro de Deus, que tirais os pecados do mundo,
tende piedade de nós.
Ó Cordeiro de Deus, que tirais os pecados do mundo,
dá-nos tua paz.

Semanas
Poderoso e misericordioso Senhor,
Pai, Filho, e Espírito Santo,
abençoai-nos e sustentai-nos. Amém.

Oração de Juliana de Norwich

Cruz
Em Nome de Deus Pai, Filho e Espírito Santo. Amém.

Conta Invitatória
Ó Deus, vem rápido nos salvar!
Ó Senhor, vem socorrer-nos depressa.
Glória ao Pai, ao Filho e ao Espírito Santo, como era no
princípio, agora e sempre. Amém.

Conta Cruciforme
Deus benevolente, meu desejo é por ti,
pois tu és o bastante para mim.
Não desejo nada que não seja para tua glória.
Se eu desejar algo menos, melhor será continuar desejando,
pois apenas Tu tens a mim por completo.

Semanas
Tudo ficará bem, tudo ficará bem,
e de todas as maneiras, tudo ficará bem.
ou a seguinte

Em Seu amor Ele tem feito suas obras,
e em Seu amor Ele tem feito todas as coisas cooperarem para
nosso bem. *(Irmã Brígida)*

ORAÇÃO CELTA

Cruz
Em Nome de Deus Pai, Filho e Espírito Santo. Amém.

Conta Invitatória
Ó Deus, vem rápido nos salvar!
Ó Senhor, vem socorrer-nos depressa.
Glória ao Pai, ao Filho e ao Espírito Santo, como era no
princípio, agora e sempre. Amém.

Conta Cruciforme
Habite comigo o olhar de Deus,
o caminho de Cristo me guie,
o Espírito seja derramado sobre mim,
ricamente e generosamente.

Semanas
Reze cada frase em contas separadas.
Me curvo diante do Pai que me criou
me curvo diante do Filho que me salvou,
me curvo diante do Espírito que me guia,
em amor e adoração.

Louvo o Nome daquele que está nas alturas.
Me curvo diante da Sagrada Tríade,
a sempre una, a Trindade. *(Irmã Brígida)*

Oração de Proteção de São Patrício

Cruz
Invoco hoje sobre mim o poderoso Nome da Trindade, pela invocação da mesma, Três em Um, Um em Três.
De quem toda natureza foi criada, eterno Pai, Espírito, Verbo:
Louvai ao Senhor da minha salvação, a salvação de Cristo, o Senhor.

Conta Invitatória
Cristo comigo, Cristo dentro de mim,
Cristo atrás de mim, Cristo antes de mim,
Cristo ao meu lado, Cristo para me ganhar,
Cristo para me consolar e restaurar.
Cristo sob mim, Cristo sobre mim,
Cristo no silêncio, Cristo no perigo,
Cristo nos corações de todos os que me amam,
Cristo na boca do amigo e do estranho.

Conta Cruciforme
Invoco hoje sobre mim o poderoso Nome da Trindade, pela invocação da mesma, Três em Um, Um em Três.

Semanas

1. Invoco este dia para sempre. Pelo poder da fé, a encarnação de Cristo;
2. seu batismo no rio Jordão;
3. sua morte na cruz para minha salvação;
4. sua saída do sepulcro espinhoso.
5. sua ascensão aos céus;
6. sua vinda no dia do Juízo;
7. eu invoco hoje sobre mim.

1. Invoco sobre mim o poder do imenso amor dos querubins;
2. o doce "Bem feito" na hora do julgamento,
3. o serviço dos serafins,
4. a fé dos confessores, a palavra dos apóstolos,
5. as orações dos patriarcas, os pergaminhos dos profetas,
6. todas as boas obras feitas ao Senhor,
7. e a pureza das almas virgens.

1. Invoco hoje sobre mim as virtudes do céu estrelado,
2. o glorioso raio vivificante do sol,
3. a brancura da lua no céu,
4. o livre relampear do relâmpago,
5. os tempestuosos impactos do vento que sopra,
6. a terra firme, o mar de sal profundo,
7. ao redor das eternas e antigas rochas.

1. Invoco hoje sobre mim o poder de Deus em manter
   e guiar.
2. seu olho que vê, seu poder que permanece,
3. seu ouvido que ouve minha necessidade.
4. a sabedoria de meu Deus para ensinar,
5. sua mão que guia, seu escudo que protege
6. a palavra de Deus que me dá o que dizer,
7. seu abrigo celestial para me guardar.

Diversas Orações Celtas

Por Caridade (de uma antiga homilia Irlandesa)

Cruz
Senhor, sê a chama flamejante diante de mim,
sê a estrela guia sobre mim,
sê o caminho suave sob mim,
sê o pastor gentil atrás de mim,
hoje e para sempre. Amém. *(Columba, d.597)*

Conta Invitatória
Glória ao Pai, ao Filho e ao Espírito Santo, como era no
 princípio, agora e sempre. Amém.

Conta Cruciforme
Nossas almas agradeçam a ti, Ó Senhor, por tuas bênçãos
sem número na terra e no firmamento. E que toda benção do
Senhor do firmamento e da terra recaia sobre todos aqueles
que tenhamos tido contato. Pois aqueles que recebem o povo
de Cristo, em verdade recebem a Cristo. *(Antiga homilia Irlandesa)*

Semanas

1. Na posse de terras e casas,
2. no possuir de coisas animadas e inanimadas,
3. e sobre todos os que os servem e a eles são obedientes,

4. a terra conceda-lhes seus frutos, o firmamento conceda-lhes as chuvas,

5. o mar conceda-lhes seus peixes, que haja mais grãos e leite,

6. mais mel e trigo para todos aqueles cuja boa vontade nós desfrutamos.

7. Possa Deus retribuir-lhes cem vezes sobre esta terra e no Reino dos céus, na vida por vir.

Conclusiva

Deus, nosso Galardoador, envia-nos.

Deus, nosso Galardão, venha conosco.

Deus, a força daqueles que vão, dá-nos força para irmos convosco ao encontro daqueles que vos chamarão Pai, Filho e Espírito Santo. Amém.

Cruz

Pai Nosso que estais nos céus,
santificado seja o vosso Nome,
venha a nós o vosso Reino,
seja feita a vossa vontade assim na terra como no céu.
O pão nosso de cada dia nos dai hoje,
perdoai-nos as nossas ofensas
assim como nós perdoamos a quem nos tem ofendido,
e não nos deixeis cair em tentação,
mas livrai-nos do Mal.

Inspirada na oração de Proteção de São Patrício

Cruz
Levanto-me hoje: levanto-me para receber a recompensa.

Conta Invitatória
Cristo protege-me hoje, para que haja abundante consolo.

Conta Cruciforme
Levanto-me hoje: na poderosa força, invocando à Santíssima Trindade, crendo na Tríade, professando a Unidade do Criador da criação.

Semanas

1ª Semana
Levanto-me hoje:
1. no poder e no amor dos querubins;
2. na obediência dos anjos,
3. nas orações dos patriarcas,
4. nas profecias dos profetas,
5. na pregação dos apóstolos,
6. na fé dos confessores,
7. nas boas obras dos justos.

2ª Semana
Levanto-me hoje:
1. sob o esplendor dos céus,
2. sob o brilho do Sol,
3. sob o encanto da Lua,
4. sob a velocidade da luz,
5. sob o sopro do vento,
6. nas profundezas do Oceano,
7. na firmeza da terra.

3ª Semana
1. Louvado sejas tu, glorioso Senhor!
2. Aarão e Moisés te louvaram,
3. macho e fêmea te louvem,
4. os sete dias e as estrelas te louvem,
5. o vento que sopra em cima e o que sopra embaixo te louvem,
6. os livros e as letras te louvem,
7. e eu também te louvarei, Senhor da glória.

4ª Semana
1. Louvado sejas, glorioso Senhor!
2. Peixe e rio te louvem,
3. pensamento e ação te louvem,
4. areia e terra te louvem,
5. todas as coisas boas criadas te louvem,
6. e eu também te louvarei, Senhor da glória,
7.   Louvado sejas, glorioso Senhor!

Conclusiva

Criador do universo, protege-nos e mantém-nos sob a luz da tua presença. O nosso louvor misture-se com o louvor de toda criação, até que estejamos unidos às eternas alegrias, as quais tu prometeste em amor, por meio de Jesus Cristo, nosso Senhor.

Cruz

Pai Nosso que estais nos céus,
santificado seja o vosso Nome,
venha a nós o vosso Reino,
seja feita a vossa vontade assim na terra como no céu.
O pão nosso de cada dia nos dai hoje,
perdoai-nos as nossas ofensas
assim como nós perdoamos a quem nos tem ofendido,
e não nos deixeis cair em tentação,
mas livrai-nos do Mal.

LOUVADO SEJAS, GLORIOSO SENHOR

Cruz

O Pai criou milagrosamente o mundo, cuja grandeza é impossível expressar.

Conta Invitatória

Adoremos ao Senhor, criador de obras maravilhosas; Céu brilhante com seus anjos, e na terra o onduloso oceano.

(Old Irish, 9th century)

Conta Cruciforme

Supremo Criador, tu criaste a terra e o mar...
O mundo não pode compreender, ainda que os prados e as
árvores cantem tuas maravilhas por meio dos mais altos e
belos cânticos, ó Senhor! *(Antiga Oração Galesa)*

Semanas

1ª Semana
1. Louvado sejas, glorioso Senhor!
2. capela e igreja te louvem,
3. planície e encosta te louvem,
4. as três primaveras te louvem,
5. duas vezes acima do vento e uma sobre a terra,
6. trevas e luz te louvem,
7. e eu também te louvarei, Senhor da glória.

2ª Semana
1. Louvado sejas, glorioso Senhor!
2. Abraão te louvou, o pai da fé.
3. A vida eterna te louve,
4. os pássaros e as abelhas te louvem,
5. a palha e a grama te louvem,
6. o cedro e a árvore frutífera te louvem,
7. e eu também te louvarei, Senhor da glória.

3ª Semana
Levanto-me hoje:
1. com o poder de Deus para me orientar,
2. a força de Deus para me sustentar,
3. a sabedoria de Deus para me guiar,
4. o olho de Deus para adiante enxergar e o ouvido deDeus a me ouvir,
5. a palavra de Deus a falar por mim,
6. o caminho de Deus diante de mim,
7. a mão de Deus a me proteger, escudo que me defende.

4ª Semana
1. Cristo à minha frente, Cristo atrás de mim;
2. Cristo sob mim, Cristo sobre mim;
3. Cristo à minha direita, Cristo à minha esquerda;
4. Cristo nos corações de todos os que pensam em mim;
5. Cristo na língua de todos os que falam a mim;
6. Cristo nos olhos de todos os que me veem;
7. Cristo nos ouvidos de todos o que me ouvem.

Cruz

Esteja tua salvação sempre conosco, Senhor.

SEDE DE DEUS

Cruz
Tem piedade de mim, Ó Deus, tem piedade de mim, perdo-me, Onipotente Deus, pois pequei. Aceita o arrependimento do meu coração, retira esta criatura deste amontoado de lixo.

Conta Invitatória
Se olhares a minha iniquidade, derreterei como cera diante do fogo.
Minha alma é como o sertão sem água.
Minhas entranhas queimam dentro de mim.
Possa meu coração queimar com o fogo do teu amor e temor, pois teu amor e temor não sabem o que é retroceder.

Semanas
Dá-me, Jesus, primavera chuvosa na vida eterna.
ou a seguinte
Vaguei pelas montanhas, Bom Pastor, coloca-me sobre teus ombros.

Conclusiva
Do Senhor minha alma só requer uma única benção: que eu nunca tenha sede na eternidade.

Cruz
Pai Nosso que estais nos céus,
santificado seja o vosso Nome,
venha a nós o vosso Reino,

seja feita a vossa vontade assim na terra como no céu.
O pão nosso de cada dia nos dai hoje,
perdoai-nos as nossas ofensas
assim como nós perdoamos a quem nos tem ofendido,
e não nos deixeis cair em tentação,
mas livrai-nos do Mal.

CONTRIÇÃO

Cruz
Dá-me lágrimas, Ó Senhor, para lavar as manchas dos meus pecados; não permita que eu as esqueça, Ó Deus, até que eu tenha sido purificado. Dá-me coração contrito para que eu não caia em desgraça; Ó Senhor, protege-me e dá-me lágrimas.

Conta Invitatória
Glória ao Pai, ao Filho e ao Espírito Santo, como era no princípio, agora e sempre. Amém.

Conta Cruciforme
Pai, pequei contra os céus e contra ti: tem piedade de mim e escuta-me.
Não sou mais digno de ser chamado teu filho;
Vem em meu auxílio, Ó Deus. Faz de mim um de teus empregados; perdoa-me e me isenta dos meus pecados. Porque tenho fome de ti, extermina a iniquidade do meu pecado. Senhor, mostra-te favorável a mim, pecador; arranca minha alma das mãos do inferno. *(As Orações de Moucan)*

Semanas

Imploramos a ti, pela memória da tua sagrada e mais amarga
Cruz, faz de nós tementes a ti, e faz com que nós te amemos,
Ó Cristo. *(Irmã Brígida)*

ou a seguinte

Jesus, filho de Davi, tem piedade de mim, abram-se os olhos
do meu coração. *(As Orações de Moucan)*

Conclusiva

Ilustre e compassivo Espírito, a glória dos profetas, justa alma
da cruz de
Cristo, como joia dentro de nós, purifica-nos. *(Iolo Goch)*

Cruz

Pai Nosso que estais nos céus,
santificado seja o vosso Nome,
venha a nós o vosso Reino,
seja feita a vossa vontade assim na terra como no céu.
O pão nosso de cada dia nos dai hoje,
perdoai-nos as nossas ofensas
assim como nós perdoamos a quem nos tem ofendido,
e não nos deixeis cair em tentação,
mas livrai-nos do Mal.